LUIS EDUARDO CORONEL CÁRDENAS
HEURÍSTICA para un retorno
Buenos Aires Poetry, 2024
58 pp.; 13,34 cm x 20,32 cm.
ISBN 9789878470863
Poesía Perú

Primera edición

Editorial ©Buenos Aires Poetry

Colección ©Pippa Passes

Diseño editorial ©Camila Evia

BUENOS
AIRES
POETRY

BUENOS AIRES POETRY

editorial@buenosairespoetry.com

www.editorialbuenosairespoetry.com

BUENOS
AIRES
POETRY

PIPPA
PASSES

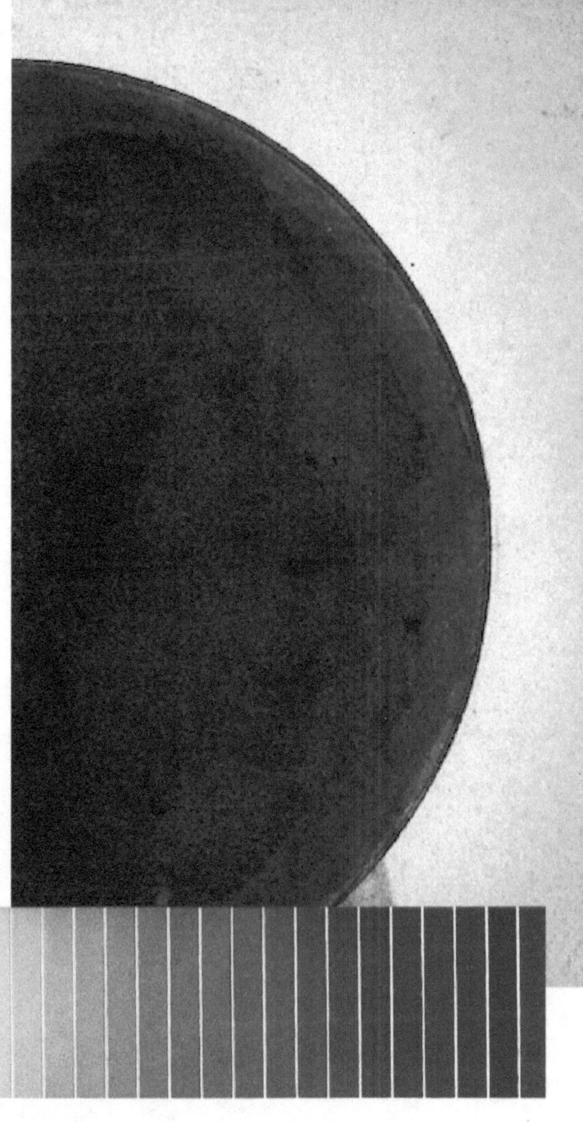

HEURÍSTICA para un retorno

Luis Eduardo Coronel Cárdenas

Luis Eduardo Coronel Cardenas

*

HEURÍSTICA

para un retorno

*

A Luis Alejandro, para quien construyo tamaña colección de palabras, diría un reino, cual minúscula devolución a su obra en mi espíritu.

A Oscar Lolin y Kareen Andrea, mi constante redención y refugio.

A Matilde y Lolo, quienes siempre recuperan mi corazón de niño.

Quien pronuncia palabras pone en movimiento potencias.
G. Van Der Leeuw

Desapareció su cuerpo echando humo.
Asháninkas sobre la muerte de Juan Santos Atahualpa

PRÓLOGO

El vuelo del pájaro
es la sombra de un alma liberada

La ronda comulga cuerpos y almas,
el total de la música, la noche, los pájaros,
escucha mi voz, el tiempo,
río compuesto de mi sangre.
Qué bálsamo genuino es cauce o recorrido,
he tomado el vino con que Dios olvida,
extensión del Hijo quien me guía,
así lo siento, así reza otra lengua.
Soy un peregrino ¿de qué?
No huyan de mí, árboles, quiero beber de la raíz,
andar como semilla, ser como la selva.
Cuánto sudor al romper una puerta.
Declaro perdido mi espíritu,
trago amargo y travesía.

PUERTAS PRIMARIAS

Quimera del tiempo y del espacio

El tiempo fue trote de cansinos caballos
cabalgando hacia la muerte,
con el rumor del mar,
de primeros invasores en la Tierra.

El tiempo es afán de la violencia,
un disparo a quemarropa
que deformó al tigre de Blake,

a las parábolas negadas de Cristo.

Mírame perdido en las calles de Barcelona
donde lanzo poemas al olvido,
en parques y plazas
donde voluntad ya no me queda.

No soy el poeta que recita engaños al oído,
soy el que hiede a su palabra,
de puro espíritu, recuerdo, la memoria.

De mis nombres deportados
levanto el ayer que recordarán los arrabales
y renegarán las élites
al verme sangrando el heroísmo,
de tanta vida que resisto
y ya no más,
ya no más.

Polifonía

Hay huellas que huelen a muerte.
Vacíos en el cuerpo no permiten
una espera dilatada.

Pluvialtísimos galopes corren al mundo,
luminarias reverberan el andar
de quienes sufren la esperanza
y en el silencio
murmuran clamores.

La capital es una fuerza indetenible
y nosotros qué sino cuerdas
mal tocadas en la lira,
creaciones del bardo que procura
las entrañas, la palabra.

El hombre maniobra su dolor,
navega sobre tinta
y el papel es un corsario de la historia.

Hay horizontes que lamentan el coito final
en habitaciones de números extraños.

Avenidas proclaman el día,
los niños dan brillo a las botas

y por doquier al alma,
y en el pecho,
en este pecho,
la ternura de una madre
sacude sombras,
destinos.

Panorama

El día, enérgico torrente,
palpita versos y cantos.

Dígase del hombre:
máquina violenta
que anula su esperanza.

Humano se hace llamar
quien desteje las horas
para coser, luego, los olvidos
y aferrarse a las páginas colmadas
de dolor.

Poesía, eres apenas mácula en la sien,
herida en el camino de la muerte.
Y tú, tiempo, casi animal,
tú ergástula del hombre,
umbral tardío del silencio.
Por eso redacto delirios apremiantes
en epístolas que nadie sufrirá nunca:

Llévame al borde de esta suerte que no es vida.

Águila, te han olvidado las carroñas,
ahora se sublevan a tu pico decadente
y la sangre no es más tu bandera
ni el cielo quedó tuyo,

hasta la muerte te abandona en agonía,
no hay madre que te cure las alas
ni retoños para abrazarte,
no hay nadie que te llore.

Norteia

¡Oh,
mar de la memoria!
Quién proclamó tu retorno,
quién te hizo refugio del hombre desterrado.

Mar de mi terruño,
llaga impenetrable
donde se anuncia libertad
pero nunca el arrebato de las olas,
tu recuerdo es corredor de la historia
coloreada por el hombre que además pintó
el cielo de Santiago.

A tu costa bajó la altura,
a su liberación mayúscula partieron los vientos.

Andina resolana en las arterias del Perú.

Pescador que mueres de tanto navío,
eres arena
y nada más que arena
devorada por el mar.

Páginas universales

El acordeón, mago del instante,
prolonga lágrimas en el rostro,
consigue la nota exacta
y remueve recuerdos,
consuela los escombros de uno mismo.
¡Recordar es volver a morir!

Anochece la vejez del hombre
y el hambre desconoce los apremios.
Henos aquí,
observando el homenaje de las palomas
entre murmullos y caminos:
Efímera condena los minutos, el gatillo,
esta bala con destino al pecho.

¿Dónde aterrizaron las utopías,
mi patria?
¿Qué son los mártires
en esta hora desierta?

Desamparo

Padre,
si vieras que me aíslo
en veredas que denuncian cuerpos cansados,
en la multitud que no conoce mis sueños,
mis bolsillos donde solo hay esperanza,
ganas de vivir.

A nadie confío esta pausa
que luego me ha de cobrar el tiempo
y una fe desamparada caminará latente
al pie de la vida sin público.

Hay almas reunidas, padre mío.
Hay seres, como yo, que transportan ausencias,
otro poco de nostalgia.
Dime si la distancia tiene forma de lágrima
o vacío.

Réquiem

Plazuelas tomadas
y cañones oxidados.

Balcones crujen el rumor de los siglos,
airosas banderas proclaman el presente.

La brisa remueve cabellos
y, aún más, a la memoria.

El pasado escupe recuerdos en el alma
y contra el silencio
nunca,
sólo callar es humano.

Dictado del mar

Yo que reviento mis olas al destino,
heme aquí:
extensa y líquida gloria del tiempo,
presuntuosa de mi azul entre los azules.

Yo, vaivén de la muerte o de la vida,
repetición inalterable del espíritu.

¡Eterno que no has de beber,
dócil humano!

Los cauces del humano
van al mar

y al pájaro que cada tarde
repite su canto
para que tú y yo
decidamos remontar las olas,
los pasos,

o revertir horizontes,
atravesar el destino,
los peldaños,

enervar la espuma
y la vista inmarcesible

de dos eternidades
tendidas en el verano.

Costaneras

Sol que alumbras vigoroso
y prometes ocaso a las nubes,
a vientos que acarician al tejado.

¡Oh cielo: mar de las aves!

Aquesta brisa pule miradas,
lustra el oficio de navegantes
y la tarde riega su terciopelo
en el paisaje
para que la retina sea el mar adentro
y la vida muestrario de ribas doradas
ardiendo en las alturas.

Abril entró con esplendor
de cantos matutinos
y el designio de ser atlas
en los patios.

Abril conduce al viento
a su morada
y albores de la palabra
me vuelven libro fuera del estante
leído con sus ojos
de bengala.

Noción de la noche

Noche,
sibila del mundo,
que asaltas con el vértigo
de las hojas otoñales,

tu caminar,

la luna

y el giro de la tierra,
los ojos que varían el paisaje.

Recuerdos del día
que reúne la penumbra,
¿El vuelo de los pájaros
dónde termina?
¿Qué mar ostentan las alturas?

L
u
n
a
si doy con tu recuerdo en el vino tinto
habitaré de a poco las madrigueras

y serán de ti los ojos del mundo
para curar tu soledad.

Yo dejaré bullendo cavilaciones
y tendrán mis sueños
la forma de Ginebra.

Nuestro borde oculto,
solitaria del cosmos,
ya no será misterio en los eclipses.

L
u
n
a
no doy con tu recuerdo en el vino tinto…

Desierto

El corazón arroja lágrimas.

¡Mirad,
circula llanto en vez de sangre!

¡Mirad,
los algarrobos, la sed, el hambre!

Sechura, te desbordan sequías
de tanto llover silencio
en las dunas del hombre.

PUERTAS MEDULARES

La vida es un huaino
 de tonadas tristes
y arpegios lacerados por el viento.

Yo lloro al pie de la tarde,
al dormir las yuntas
que avasallan mis adentros.

Esta melodía se parece al k'antu
brotando de los cerros…

Soy retoño del tayta,
de los taytas que en el Ande
cribaron la tierra.

Soy el hilo de las madres
que a pechadas tejen
los ponchos de Puquio.

Déjame en el ayllu de los caminantes,
en el hogar de mis huidas.

Ahí los senderos
serán el escape a la muerte,
después de morir.

Es tarde
y el frío camina
directo al Sinaí del interno puño.

¡Nubarrón de abajo es el granizo!

¿Por qué me golpeas viento,
no comprendes el porqué
de mi silencio?

Lluvia,
no llores mi recuerdo,
cúrame los ojos malgastados,
quita los ichus devotos de mi altura.

Andina lluvia que tomas al cielo por astas,
tú señalas que pa' burlarse de la muerte
es la vida,
pa' montar al viento es
el cerro
y pa' cantar eternidad,
la pechada.

Sierra,
tu lluvia me nombra
y yo perdido en bordes lejanos, malherido.

Aquí el pasar de los años duele,
aquí el alma también ostenta canas.

Huaino,

tú que compones versos a mi madre,
a ti, jilguero maderable, te confieso:

la vida es un cajón
a donde corre mi tristeza.
Y mi alma, hay veces,
duerme bajo tierra.

Veintinueve

El canto primario,
las coplas,
un arpegio y la alegría,
felnoctando en los vientos
de la noche veintinueve.

A paso andino los años,
puertas, caminos,
hora donde asoma la vida.

El tiempo sobre la espalda ya no pesa,
pero existe.

¡Ah, contra dorso latiendo puños!

Algarabía, crepitan verbos
y no alcanza lo humano
a la palabra…

Semblanza del corazón extendido

A la sombra de un peñasco
apunta esta ventana.

Y tú, amigo,
das a todos los pálpitos
reventados en mi pecho
a porciones de abril
que nos trajo al embozo
del final de occidente

a la herética homilía
donde fumamos un par de sueños
y fuimos fósiles de quimeras,
testigos de la súplica de un pájaro

y tomamos los bares del exilio
cuando el Tribuno dejó de ser el pasaje
donde morían los vientos de antaño,
cuando América Latina
se perdió en el discurso
y en la retórica del futuro.

Pero éramos,
humana extensión del tiempo,
redención de savias comunitarias,
unión de cardinales en el recinto de Vallejo,
novel barca

surcando las aguas de Xauxacocha,
crines contemporáneas de la Federación
que perdió al jinete
y lloró en las alturas
el día que todos olvidaron sus caballos
en el patíbulo.

Éramos la misma sangre
con escalas de color.

Esta noche fúnebre
somos cuál hálito de la ponzoña
que regó el padre,
abril sin velas que nos quemen el recuerdo,
porque ya ves la vida poniéndose a helar
sin el paso próximo al saludo,
y sin latas que patear
en la hora de tu ingreso
a la incubadora perpetua.

¡Cariños te ofrecen mis pulsaciones!

PUERTAS AMAZÓNICAS

Isla

Sobre la tregua de ríos
brega el hombre
y la vida es, entonces, una isla
que dibuja el atardecer total
de los tiempos.

Nada más un destello, mi patria.

Nada más despertar
ahíto de naturaleza
y basta.

Si alguien pregunta por mí, recuerde si puede su existencia

Se dice de aquel sujeto
que nació con el nombre
de los fuegos
y fue tantos hombres en su camino,
fue memoria del tiempo
y nada más.
Nació,
quién sabe, nadie sabe,
el año que olvidaron las huestes de Catalipango.
Afirmaron que nunca murió,
que se levantó a los cielos,
igual que Juan Santos Atahualpa,
en forma de humo.

Pero algo dejó escrito
en raíces que activan la ayahuasca,
para quien busca
o simplemente encuentra:

Hijo a traición del espíritu santo,
la cushma que me cubre
no es otra que el sudario de Turín.
Creaturas bautizadas,
redentores de la humanidad,
pregúntale a Cristo si no fuimos el mismo.

Alguna mano reseñó el futuro
de nuestra sangre,
fecundamos ríos y cuencas,
robles, caobas, la shiringa,
coloreamos la tierra y el bosque
con achiote derivado de tu piel.
Fuimos tantas ánimas en única materia,
surcamos el tiempo hasta renovar olvidos,
nos perforaron escopetas, machetes y katawas,
ahuyentamos muertes y desdichas,
renunciamos a la carne y a la gloria,
recóndito el fuego que se aviva
entre mayor vejamen y desprecio.
Espíritu nuevo que me nombras
revela el producto de mi deber
con la especie,
obra que guardé perpetua en el viento,
la lluvia
y el sereno.

Los miedos me abruman
y soy amorfa especie, hombre – animal,

que ama,
huye,

olvida.

¡Descarnada fiera es el alma!

Heme hoy
a voluntad de la muerte,
sin pena que me alcance
y aprehendido a mi bárbaro flanco
de cadáver.

Concierto del ánima

En la música del espíritu
resplandores opacos
claman historia.

Lóbrego sonido el principio de la máquina,
tremebundo espejo la hora del cajón
que descarga treinta y tres golpes
en la cuhsma,
en el coágulo grandioso del Pajonal
y agrega silbidos
al rumor de los años.

Digo adiós a mi humano,
porque fui,
quizá nunca, tal vez jamás,
humano,
perseguido por la parálisis rotunda de mi sangre.

Humano cuanto más lejos
de los hombres,
ánima de orillas prohibidas,
cuenca final
o germen del Atlántico.

Ismo tardío con presagios,
doctrina del poema diciendo ver-so-lo
la luna y los campos,

testimonio que los siglos
callarán a gritos
y nadie podrá decir:
Ahí va, en andas,
el cantor de su muerte.
Y en mi muerte definitiva
quiénes van a llorar
sino mis páginas,
pues ya no tengo más carne
que estas letras.

Santo evangelio
que me crucificas,
en piel de mortal
queda el paso de ráfagas ungidas,
del proyectil sacramentado…

La vida y su más allá
no es otra materia sino el cuerpo
llamado por ánimas.

Padre mío, alcanzo las puertas
que no pudimos abrir cuando juntos
y perdido ya en la maraña de mi ser
consuelo recuerdos de la selva.

Cuánto líquido,
como soy, como es el mundo,
he tomado para ver siglos y reservas
que no puedo explicar con palabras.

Barro que tiras al acero paradigmas:
en el Wayku murióseme Occidente.

¡Escribo a manera de los hombres dolientes de humanidad!

Contrario a los allqorunas
que cayeron al prenderse los fuegos de Torote,
antagónico de Fermín
que perdió con el Yora y su balata,
con barbascos y bayucas.

Yo soy el jergón tallado en la pukuna,
fluviales aguas
que corren cual venas terrenales
y erigen la katawa, palosangres y bosques atrincherados
en la ribera

yo soy el total de cushmas
cuidando la miríada verde
como espejo de la piel.

Del puño salpican afluentes
y la harmina es lo mismo que mi alma,
lo mismo que isulas
mordiendo la canción.

Haraweq, amazónico cantor,
en el viento no se olvidan los poemas,
ni habremos de dudar entonces de Amachegua:

Si el tiempo es nada más
una espiral de tristeza,
fundemos otro destino
donde no sea tarde la siembra de luciérnagas
y bubinzanas.

Que desfilen los lirios, la lluvia,
el ímpetu de esta tierra colorada
donde no brega la muerte.

Hermano,
hermanito que diluyes el témpano de mi pacífico,
he agotado los nombres de la especie,
y extendí mi ternura en el primer llanto de otro ser.
Fogatas en la orilla, luminaria del orbe
se abre mi pecho encendido
cuando tomas mi alma por afecto.

Creaturas todas,
mirad la lupuna que se levanta de noche,
resplandor de luna que adormece a los ríos,
escuchad mi canto:
ya puedo mostrar mi corazón de verde sangre,
ya no protesta la ciudad dentro de mí.

Madre, mis ojos vieron pues
a los países redimidos
en la cascada más alta del Abiseo,
como tú que das en el alba
colorido rayo a tus hojas
y derramas el calor inverso a la Patagonia
del arriero.
Madre, y si acaso la palabra
es una ficción del huitoto
para nombrar aquello que sobrepasa las mientes
o es, la palabra,
un agujero donde alcanza el universo
con el tohé remando en mi conciencia
o con balsas que ponen su madera en remojo

para que la mujer se impregne el verbo en la carne
o en lo más hondo de sus abismos.

El Huallaga es una mortaja –último remanso–

y la historia, cuando retorna,
se altera de a raudales y mentiras,
y si algo real queda, lo único real, es el ícaro de Ximu
que pronuncia la revelación de Juan Santos
o el sheripiáre que proclama, danza, escribe sin final posible,
la obra del atziri cantor,
el cantor infinito…

Sobre el autor

Luis Eduardo Coronel Cárdenas, nació el 01 de abril de 1997 en Bellavista, San Martin, Perú. Abogado de profesión. Ha publicado el poemario *Flébil* (Ángeles del Papel Editores, Lima, 2019). Fue publicado en la II edición de la revista *Cuenta Artes*, en la I edición de la revista *Ruidoblanco* (2020); en la muestra poética *Versos desde el encierro* del Fondo de Cultura Económica–Perú. Obtuvo el segundo lugar del Concurso de Cuentos Jurídicos "Fabellae Iuris", de la Pontificia Universidad Católica del Perú, con el cuento *El canto memorial de las Ánimas*, y el tercer lugar en el concurso de poesía de la Asociación Cultural Arequipeña ASONANSAS.

Julio 2024
Impreso en Buenos Aires,
Buenos Aires Poetry
www.editorialbuenosairespoetry.com

www.ingramcontent.com/pod-product-compliance
Lightning Source LLC
LaVergne TN
LVHW090139160826
845673LV00017B/2523

* 9 7 8 9 8 7 8 4 7 0 8 6 3 *